ISBN: 978-1-300-48133-1

EL AÑO DE LA PESTE

DANIEL BATTISTON

El año de la peste

A fines de febrero de 2020 compré, on line, una Holga 120N.

Un par de semanas después de haber llegado la cámara, en Argentina, se decretó el aislamiento social obligatorio, tal vez el más extenso en el mundo: alrededor de nueve meses.

Las limitaciones de la Holga resultaron ser el vehículo ideal para retratar la ciudad en la que vivo, Mar del Plata, en medio de esta cuarentena; el carácter que tienen las imágenes que puedo hacer con ella, es único, irrepetible: sus desenfoques, aberraciones, trepidaciones.

La estética de las imágenes obtenidas con la Holga, contribuye a la narración de una sociedad que es obligada por el gobierno a encerrarse tras las cuatro paredes de su casa; donde se limitó nuestra libertad de movimientos, donde se prohíbe hacer deporte, estar cerca de la familia y amigos o asistir a la escuela, pero está permitido que se amontone gente en la calle en manifestaciones. promovidas por el gobierno.

The year of the plague

At the end of February 2020 I bought, online, a Holga 120N.

A couple of weeks after the camera arrived, in Argentina, compulsory social isolation was decreed, perhaps the longest in the world: around nine months.

The limitations of the Holga turned out to be the ideal vehicle to portray the city in which I live, Mar del Plata, in the middle of this quarantine; the character of the images that I can make with it is unique, unrepeatable: its blurs, aberrations, trepidations.

The aesthetics of the images obtained with the Holga, contributes to the narration of a society that is forced by the government to lock itself behind the four walls of its house; where our freedom of movement was limited, where it is forbidden to play sports, to be near family and friends or to attend school, but it is allowed for people to gather in the street in demonstrations.

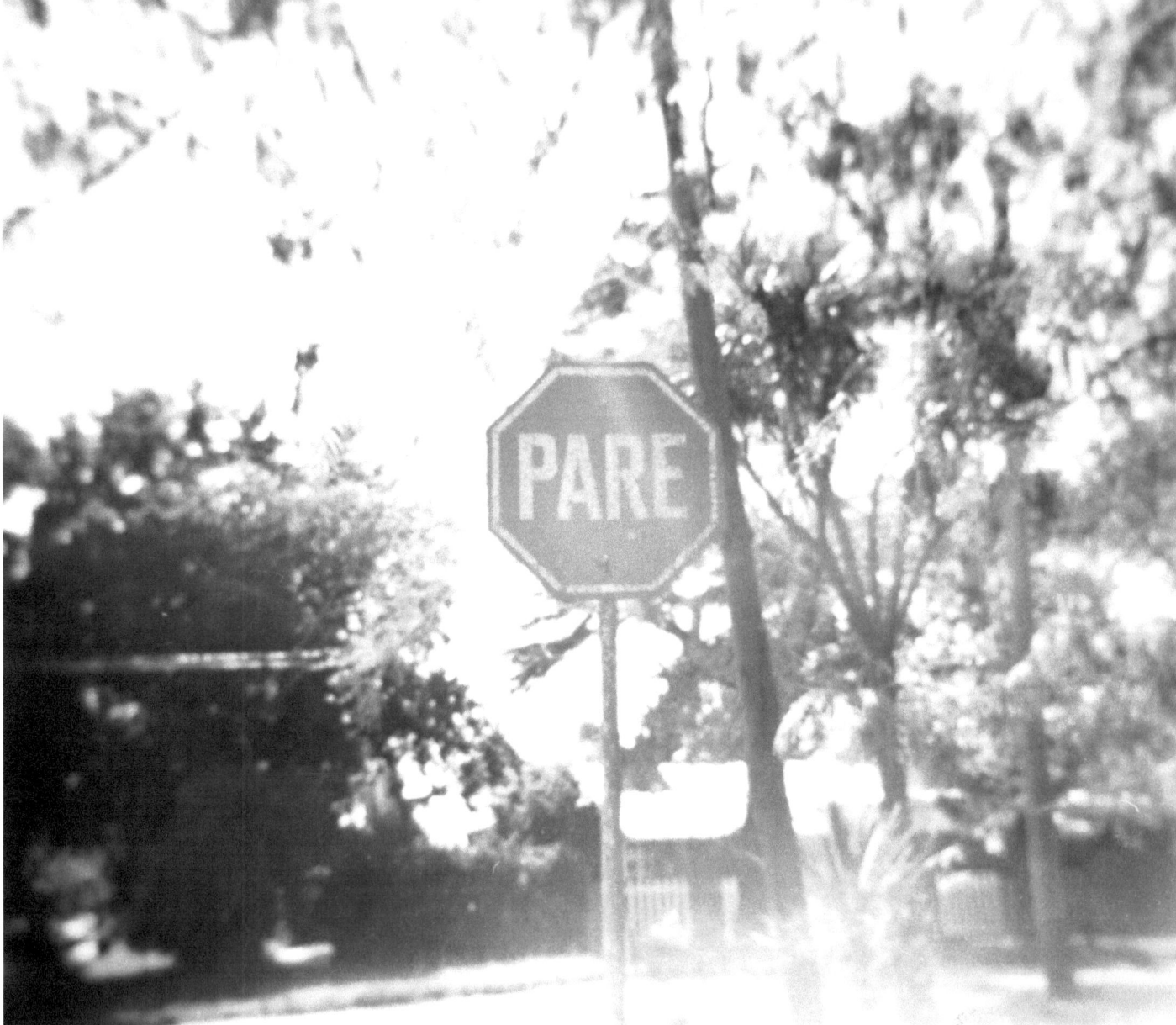

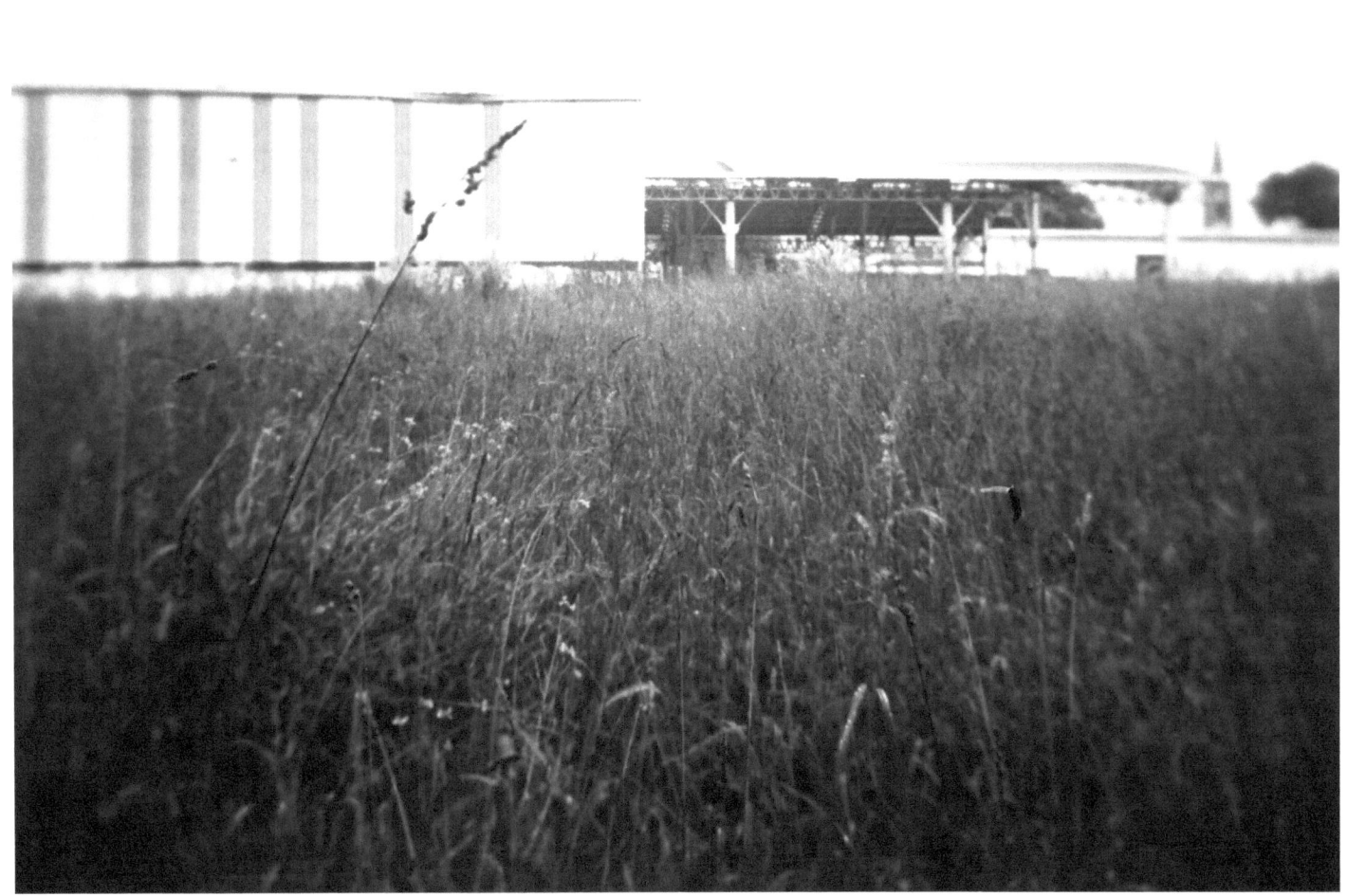

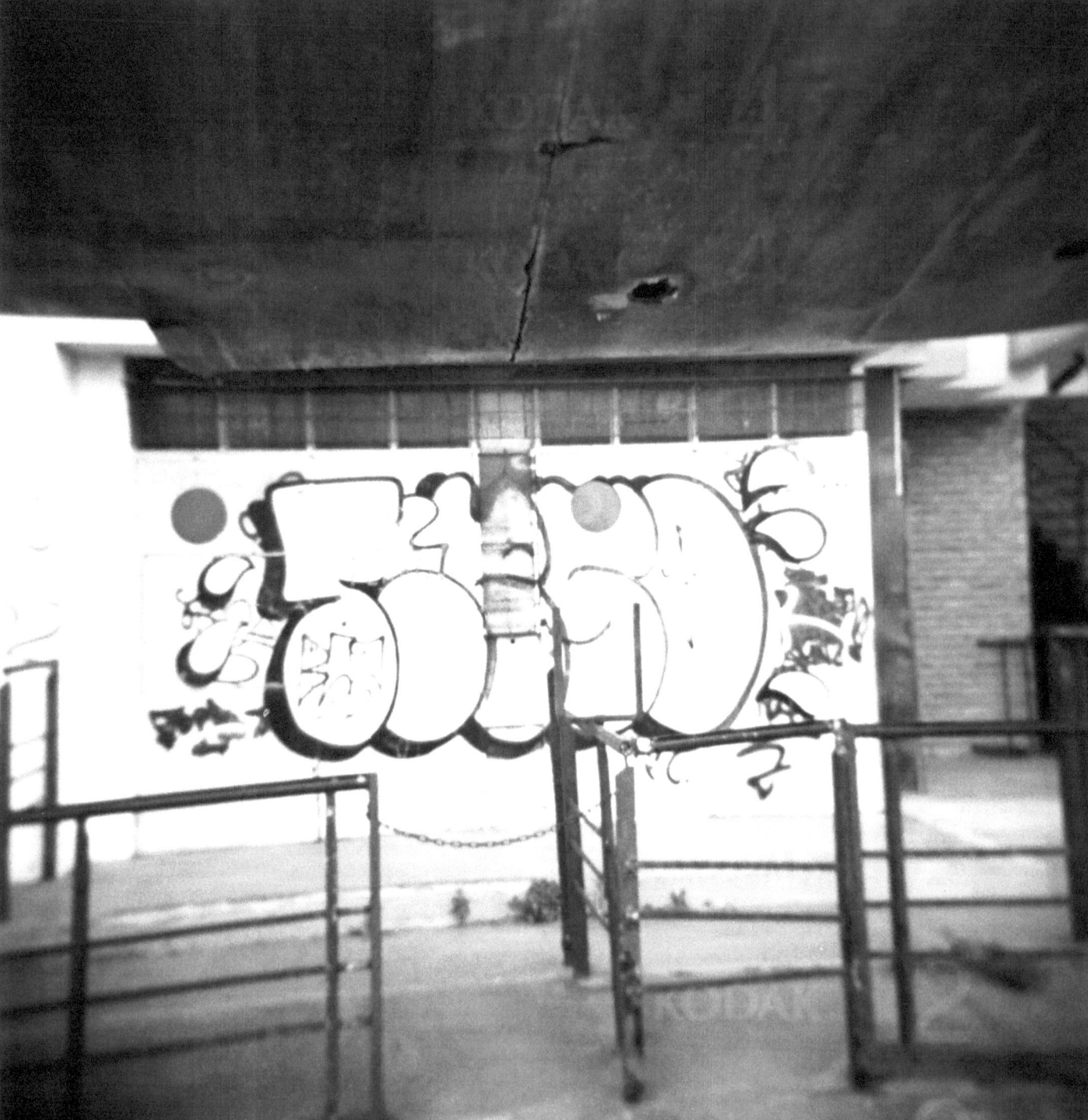

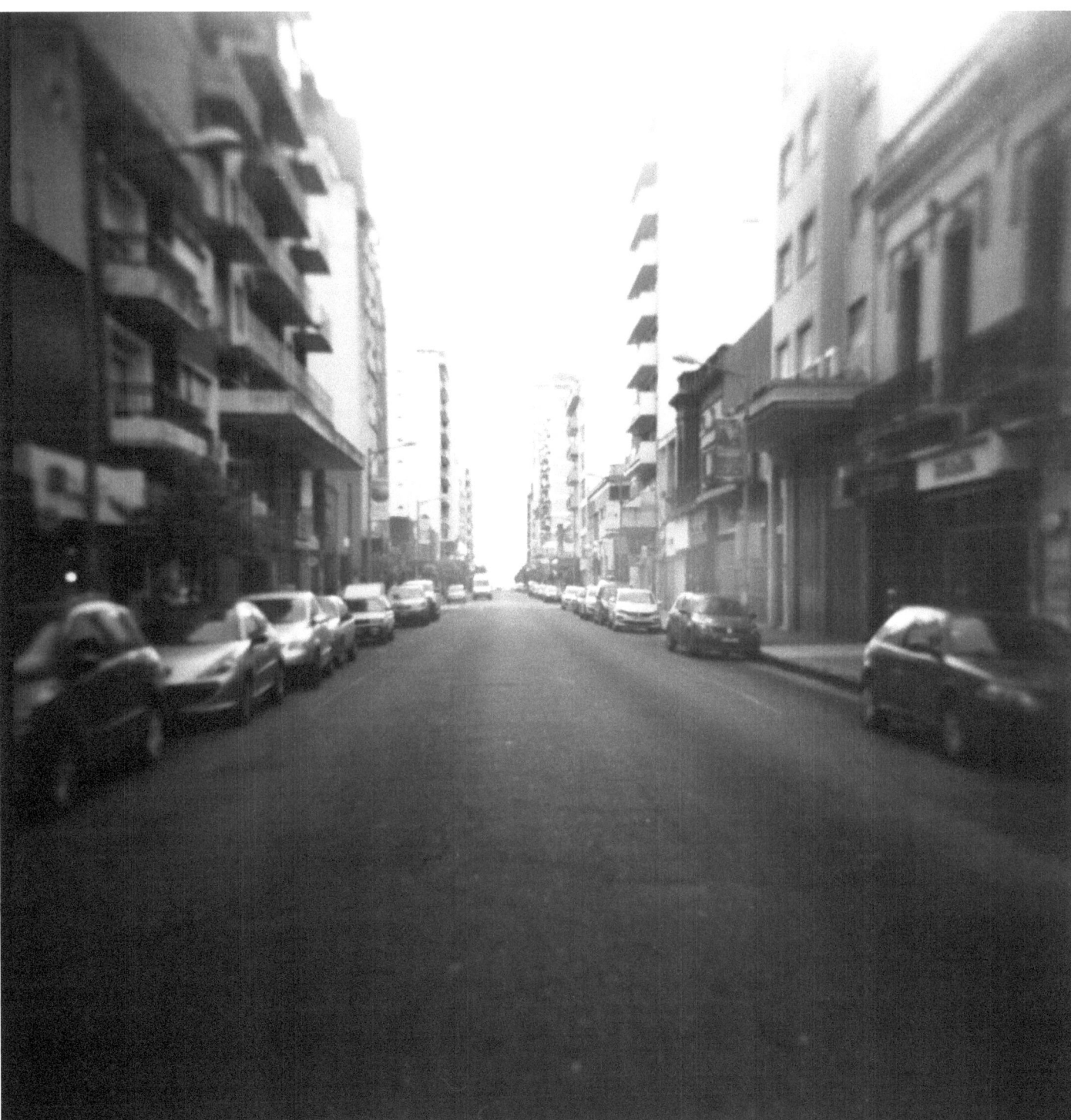

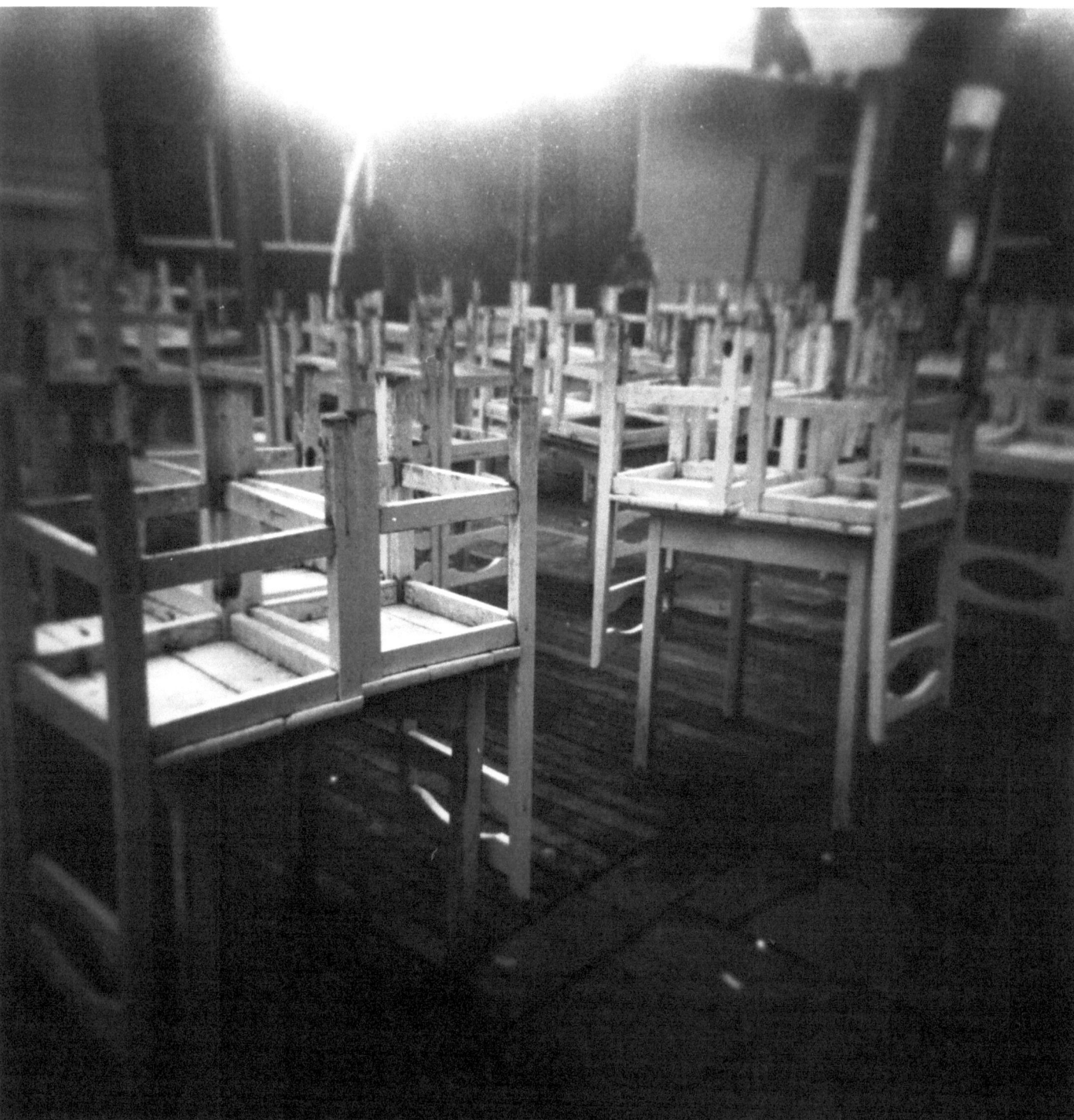

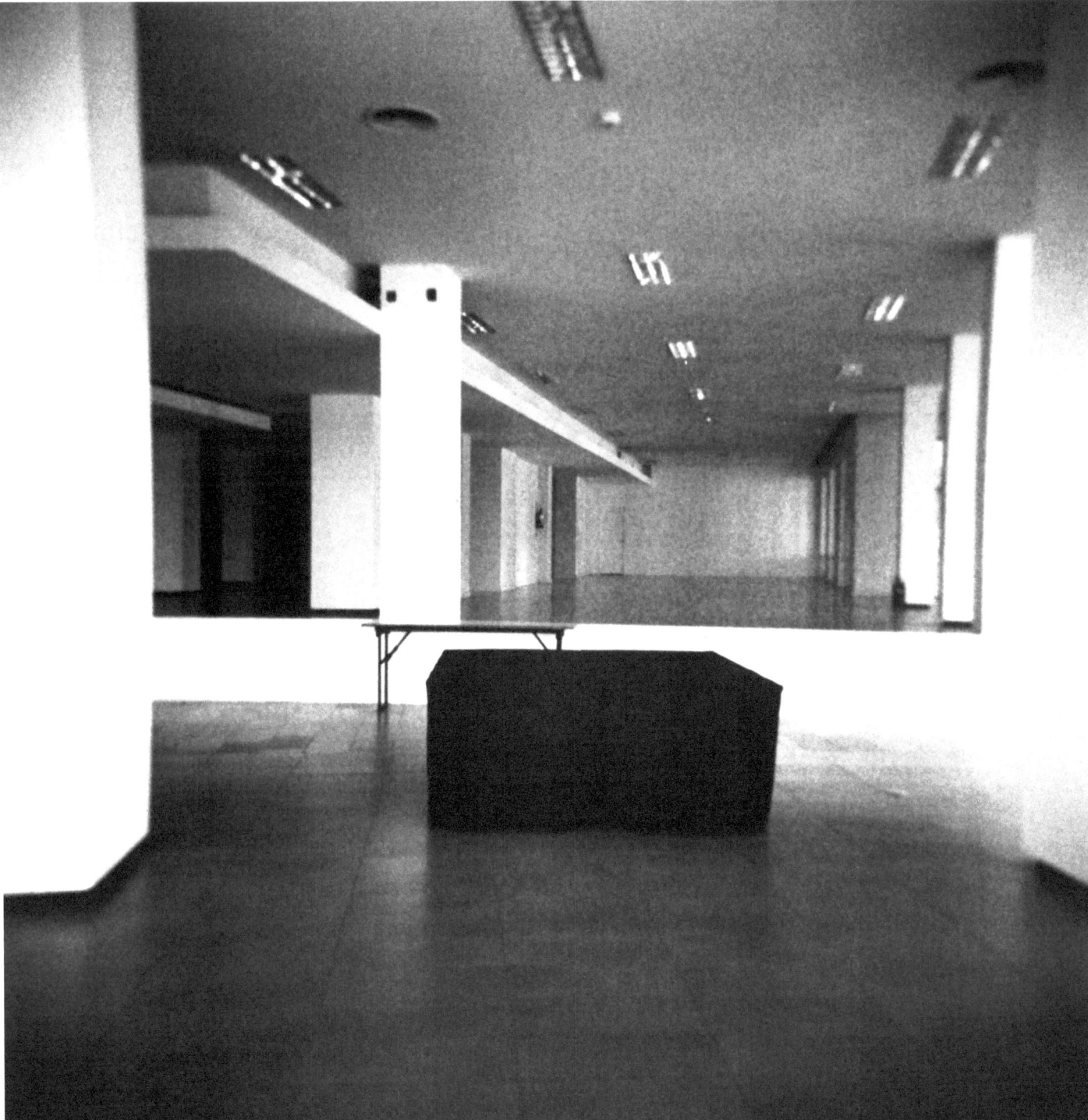

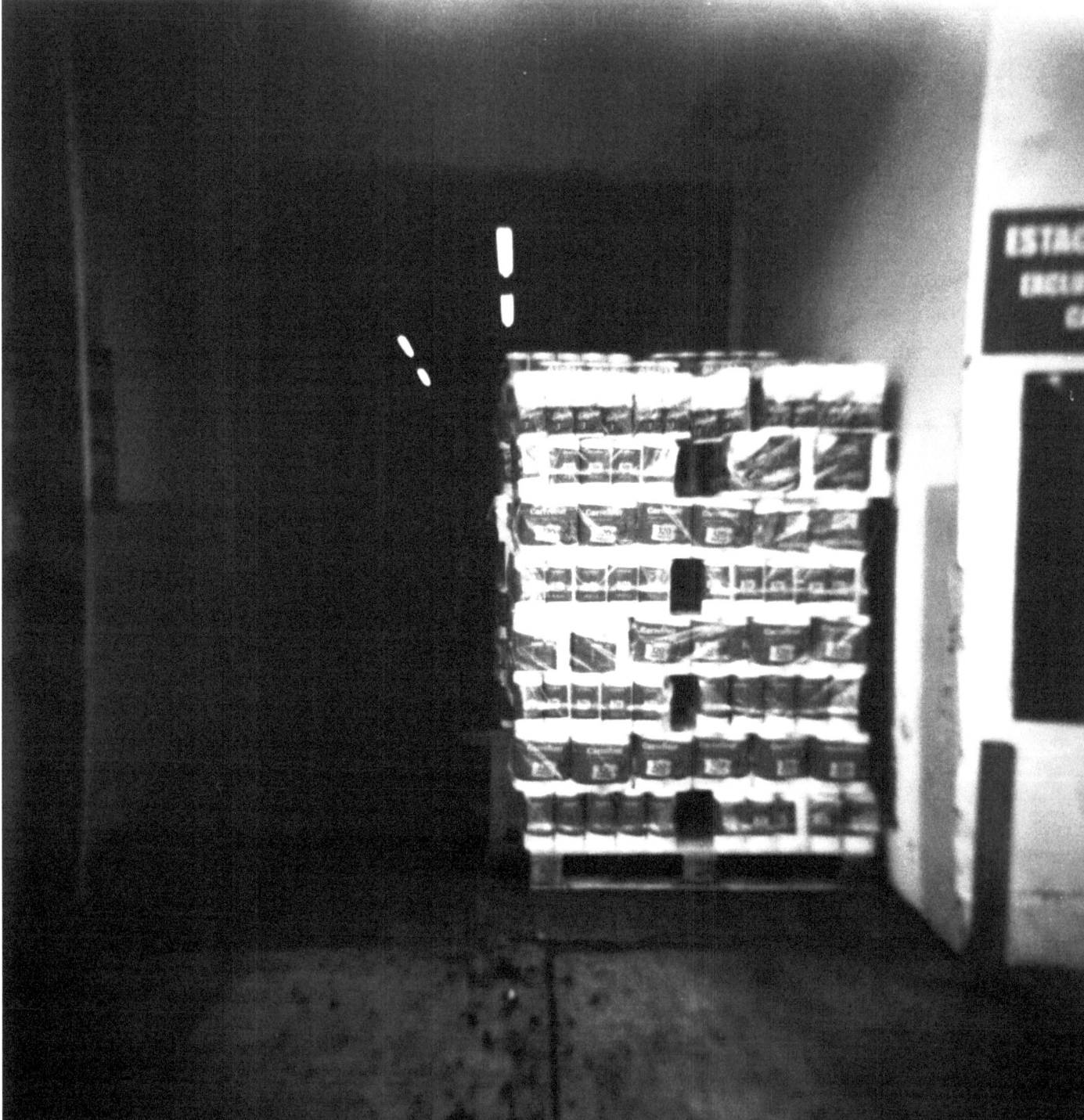

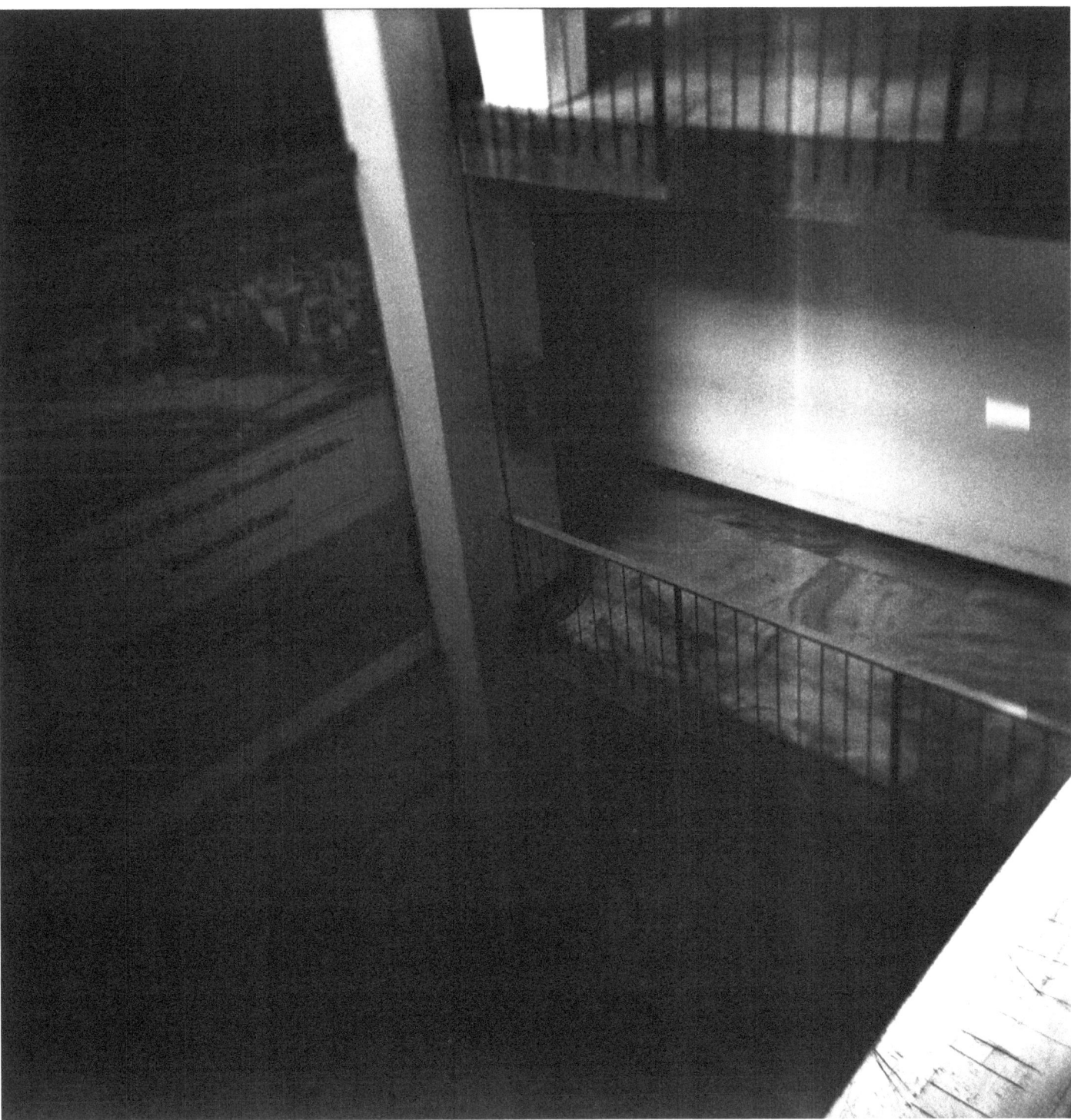

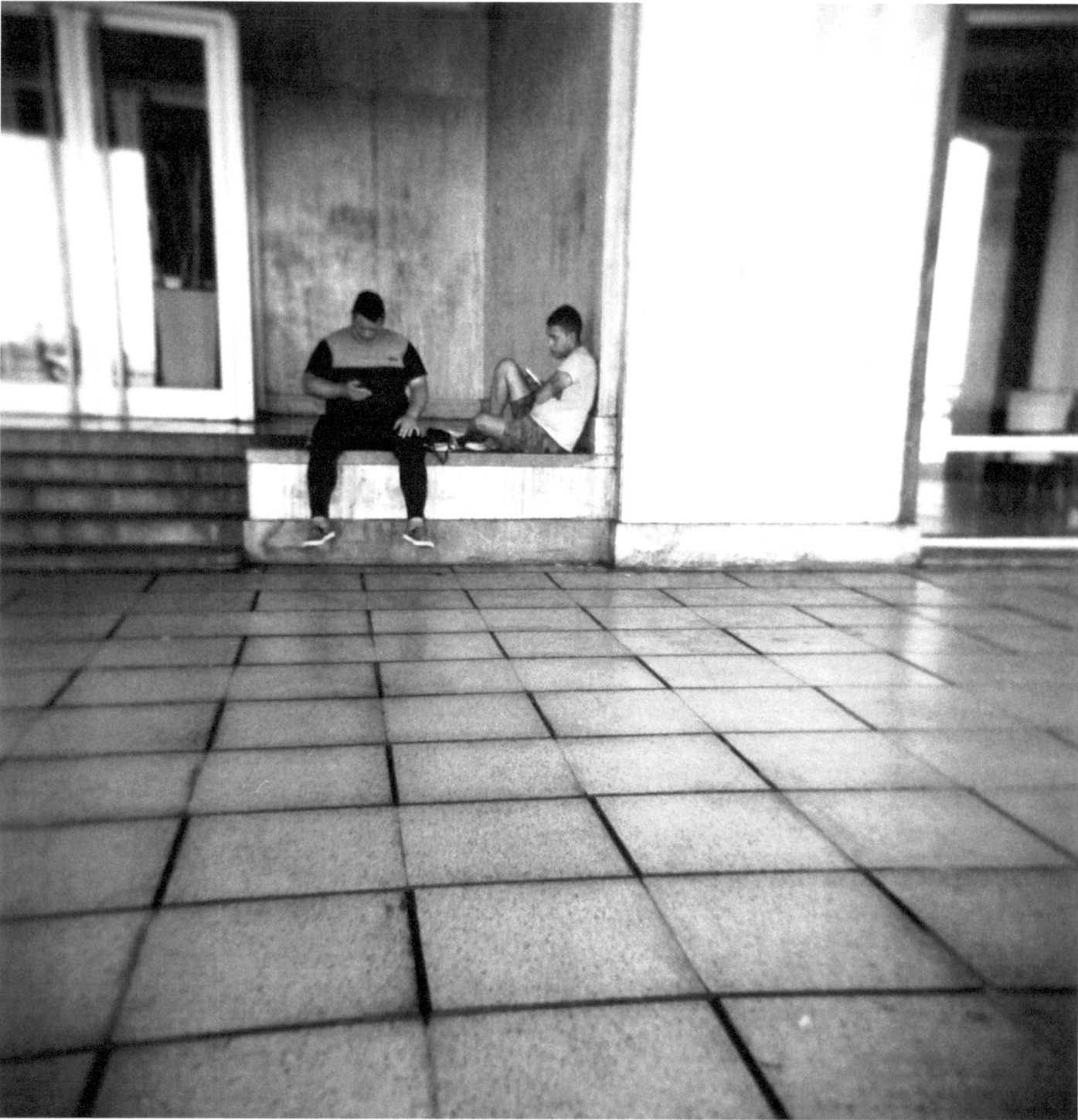

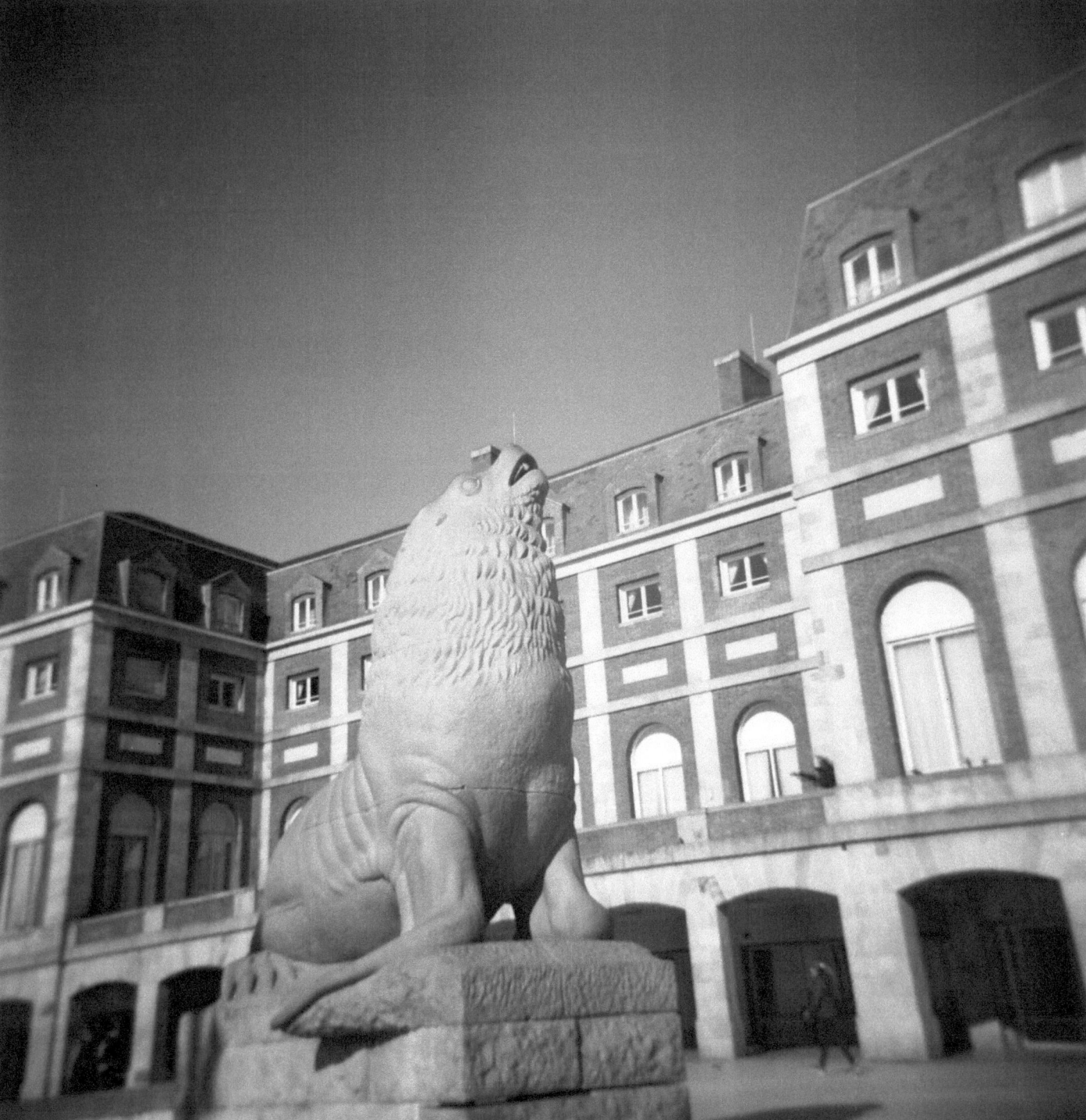

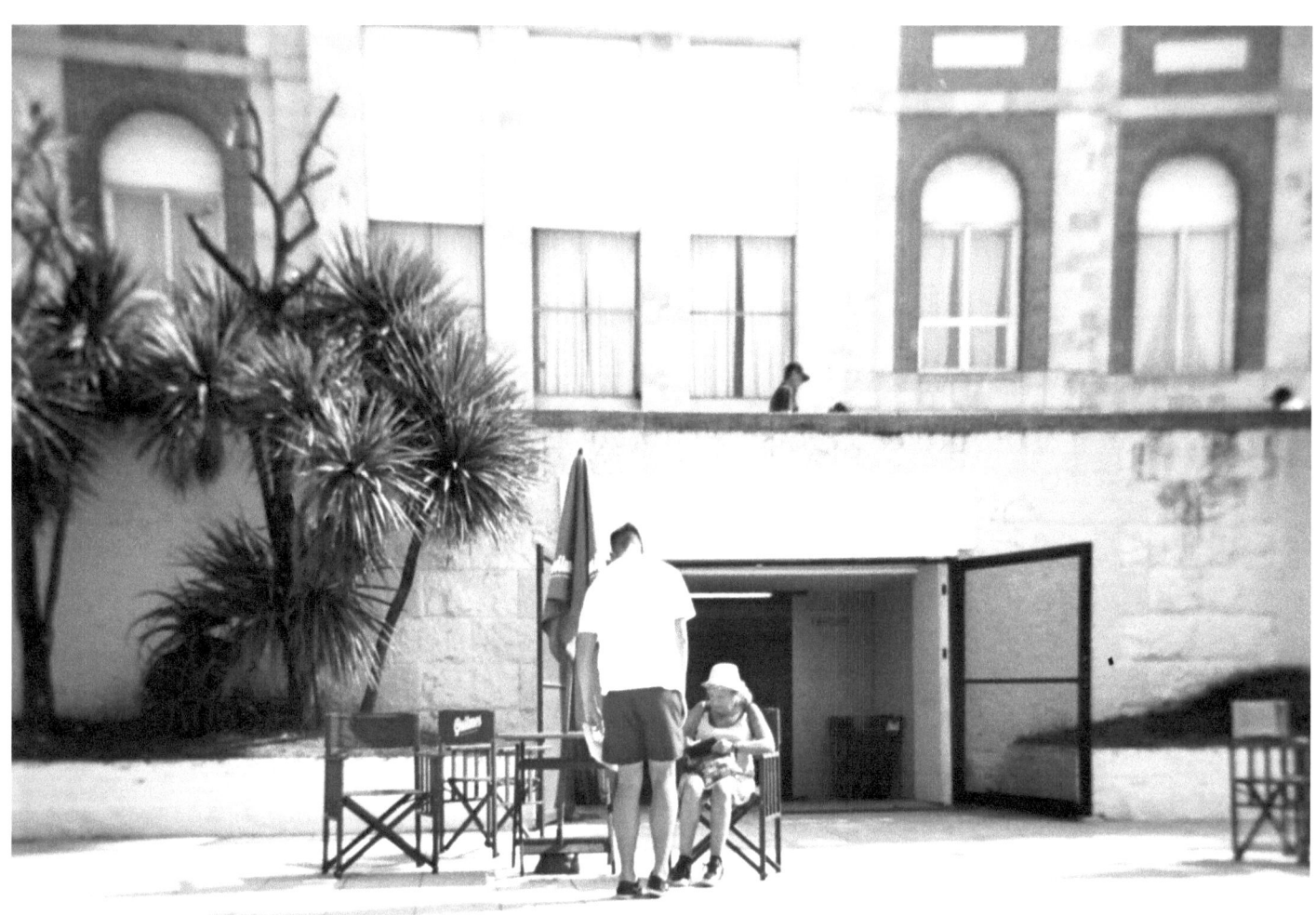

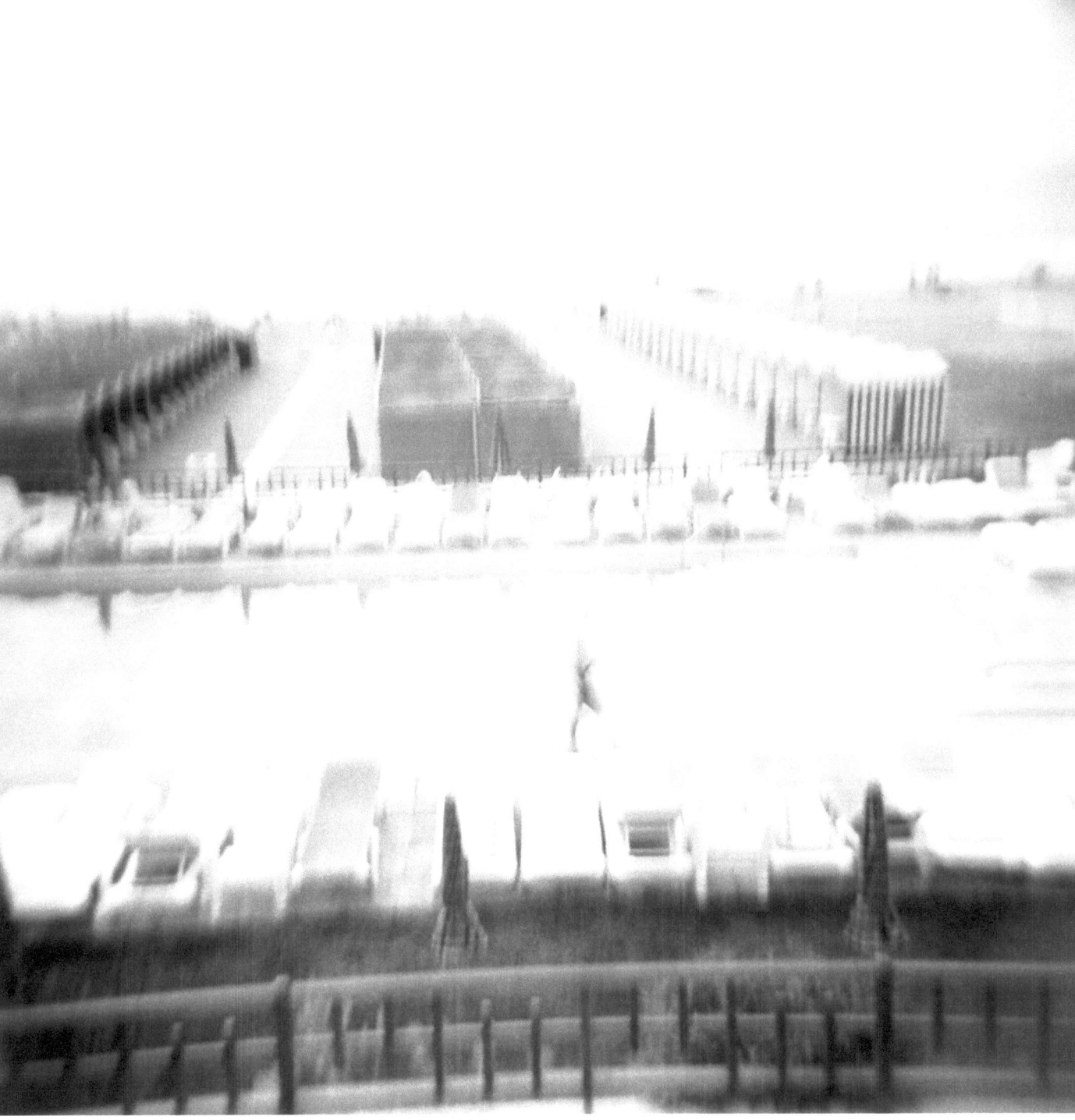

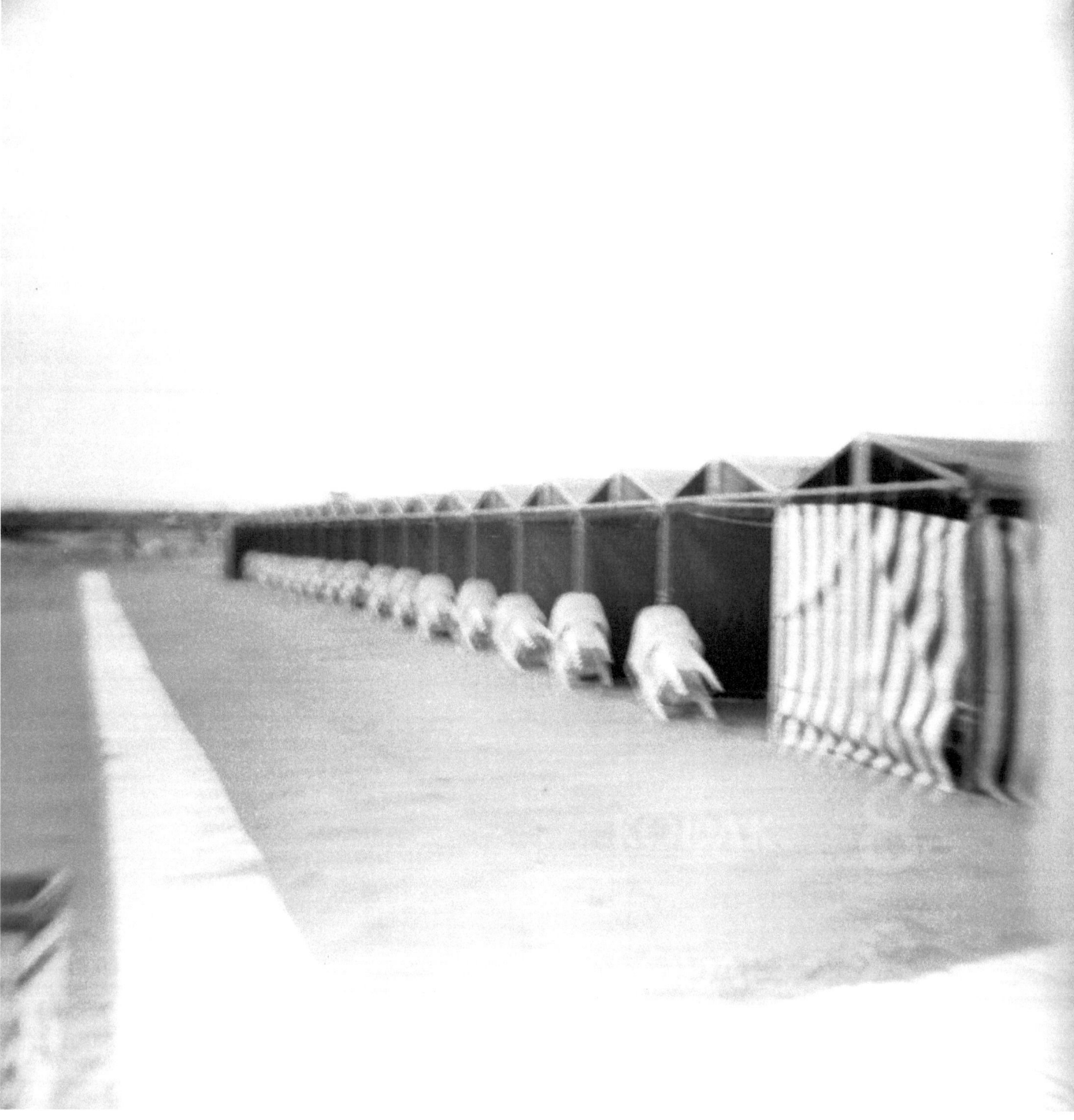

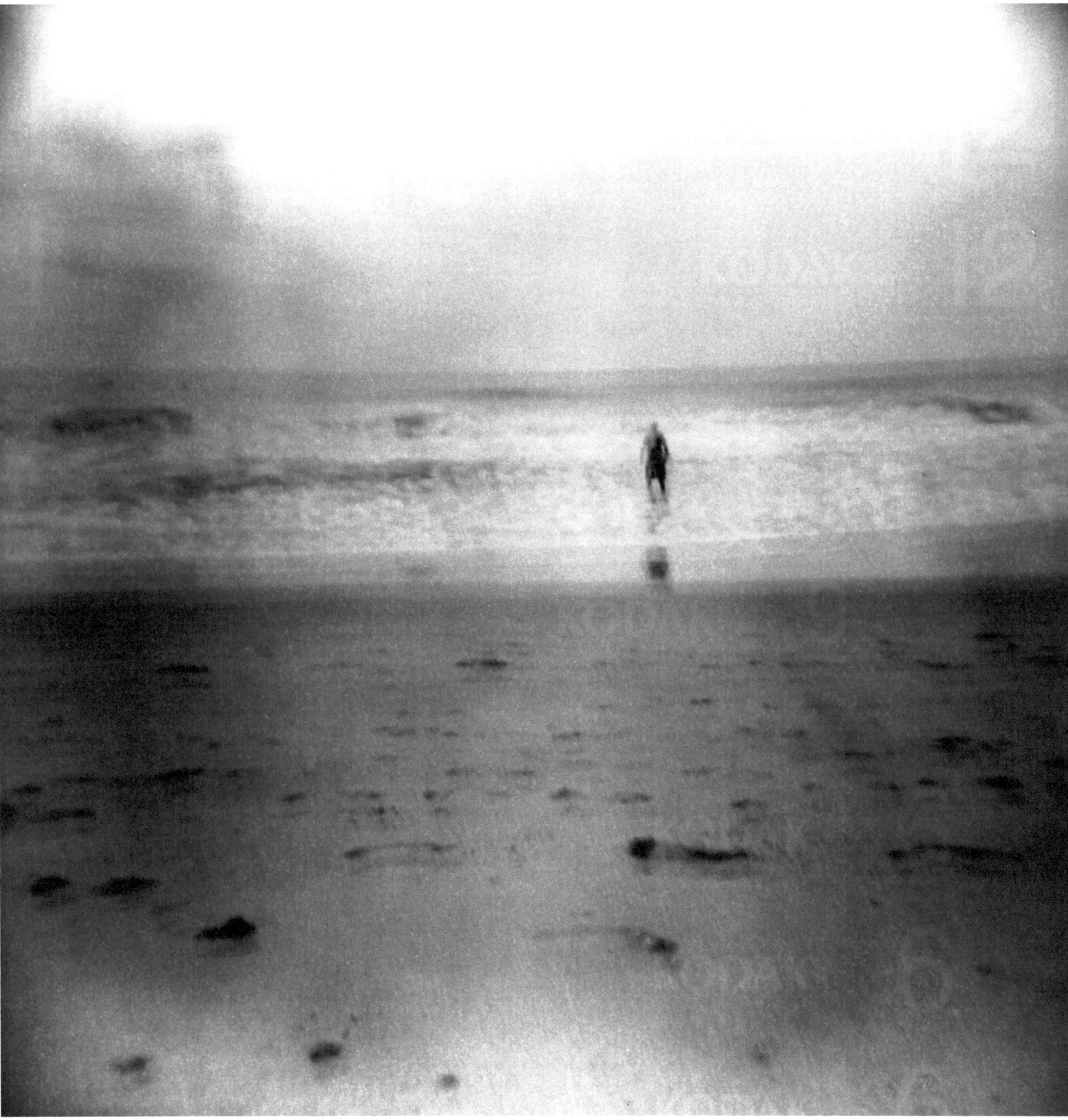

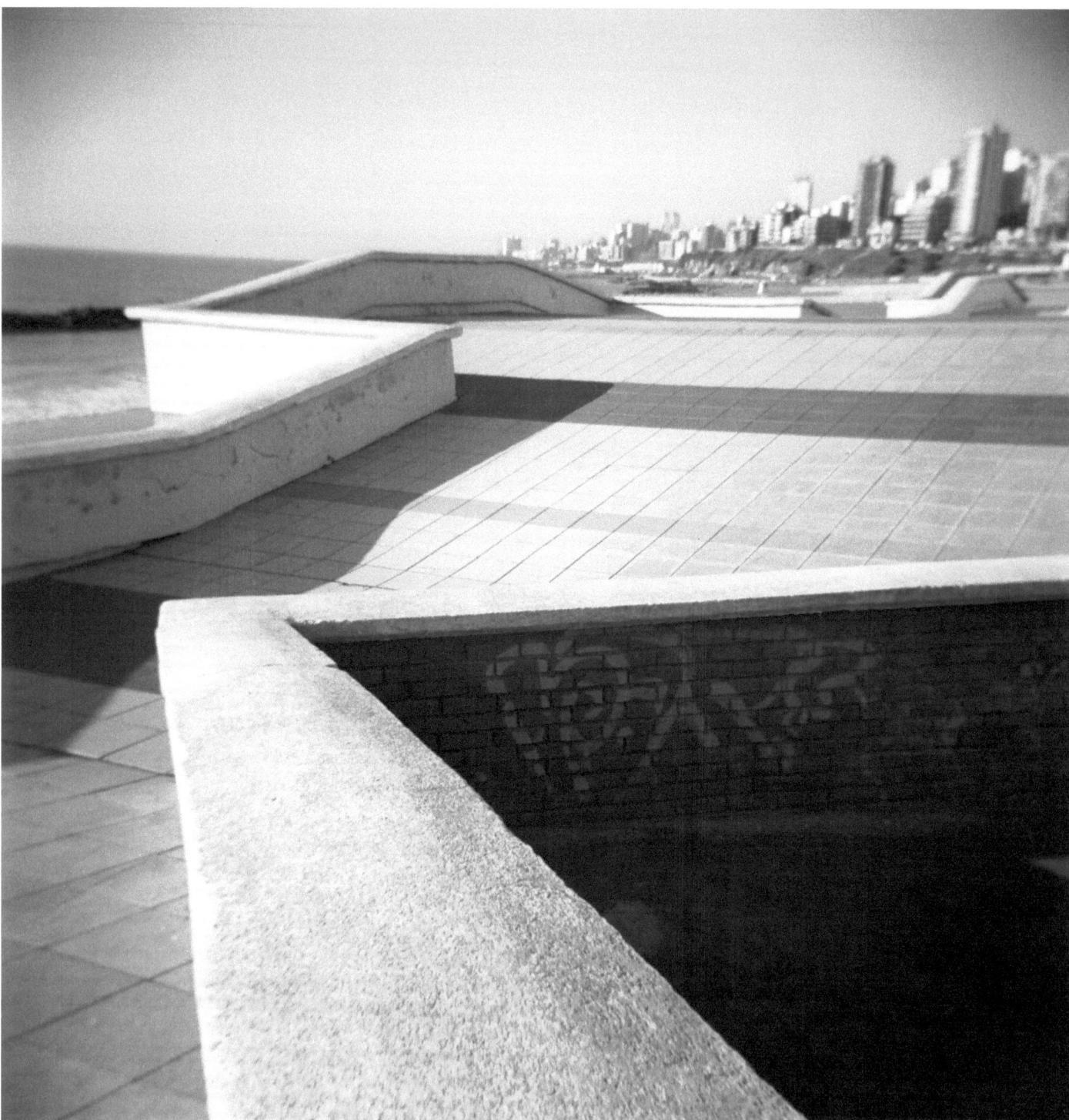

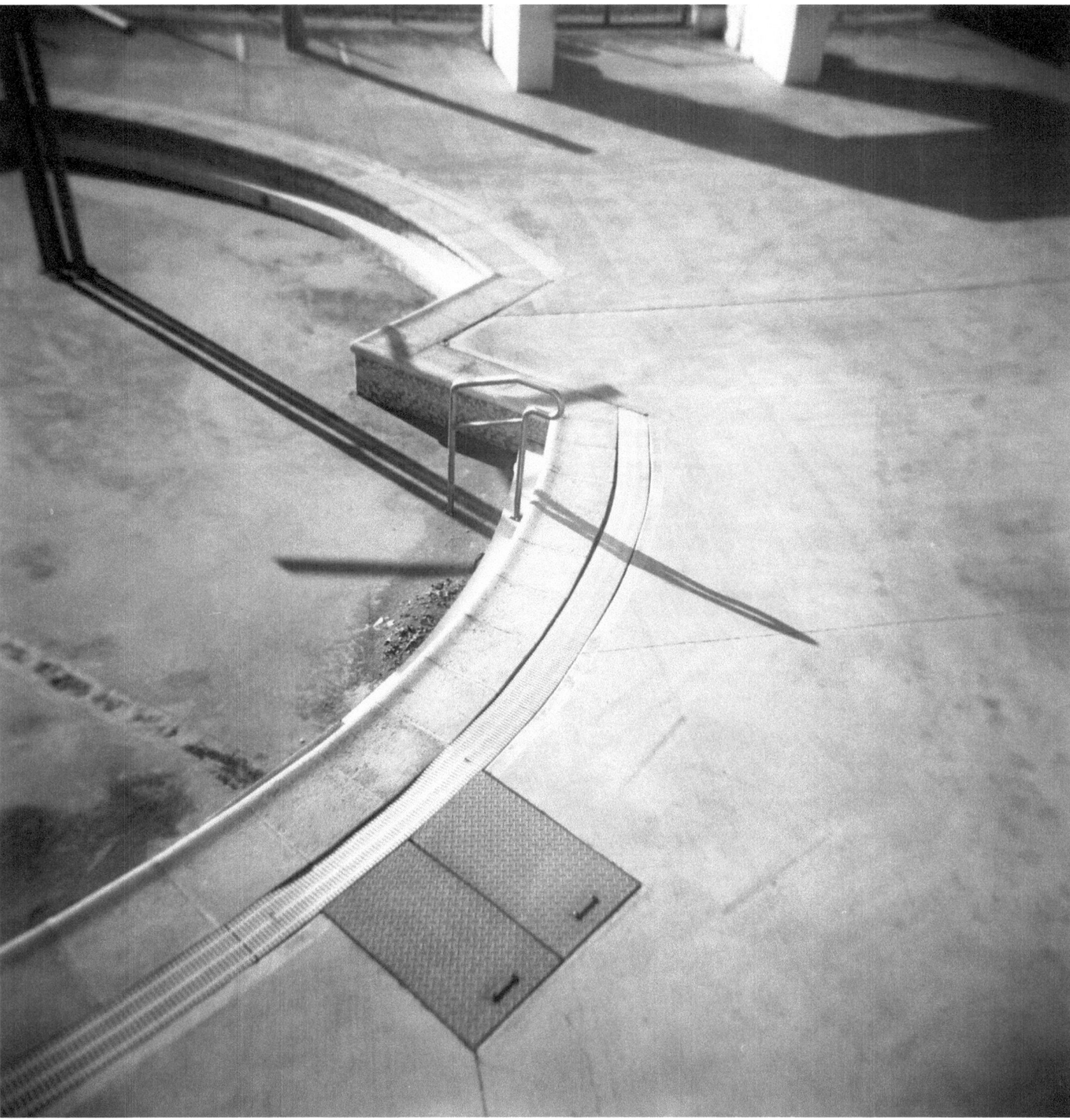

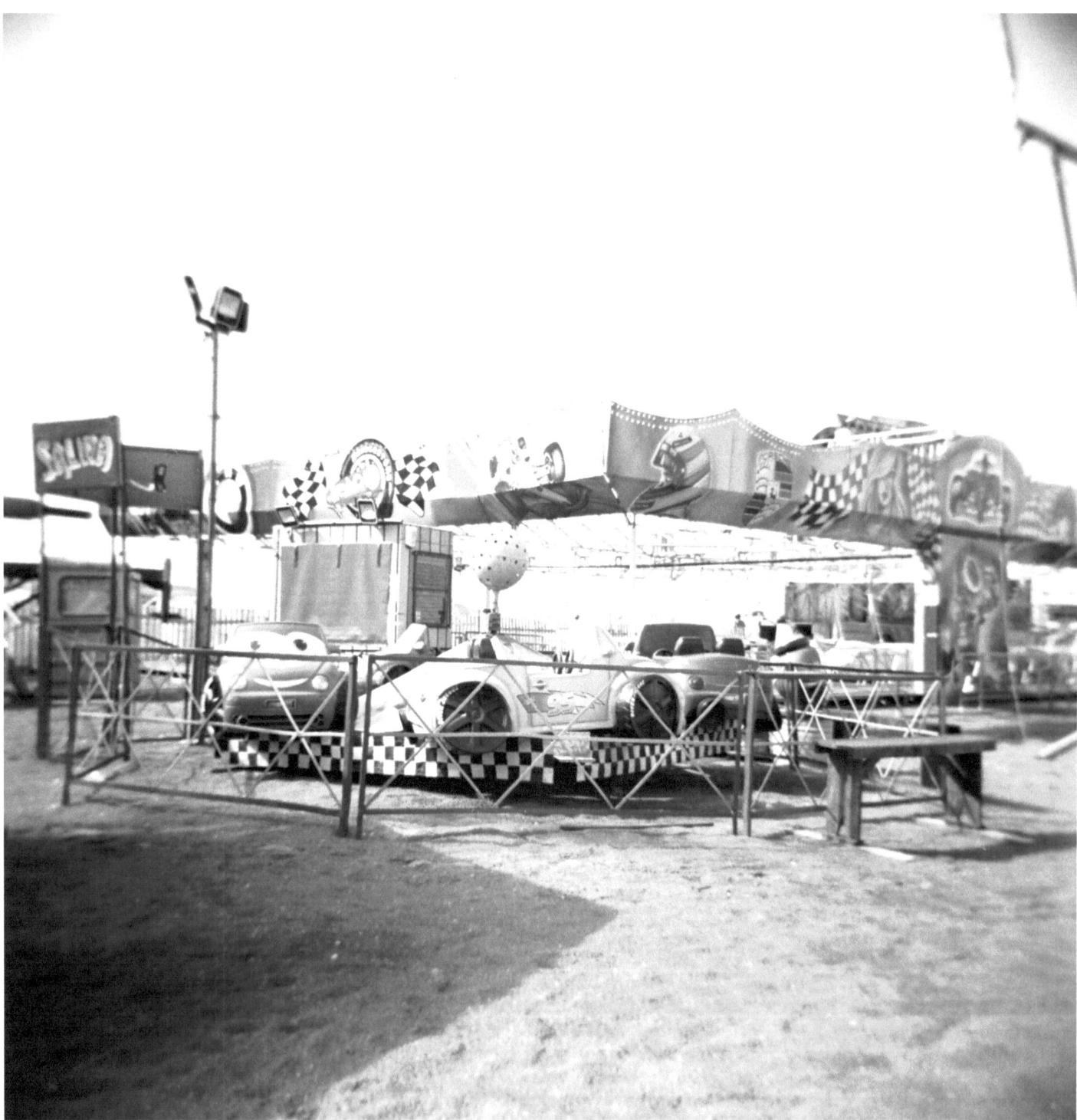

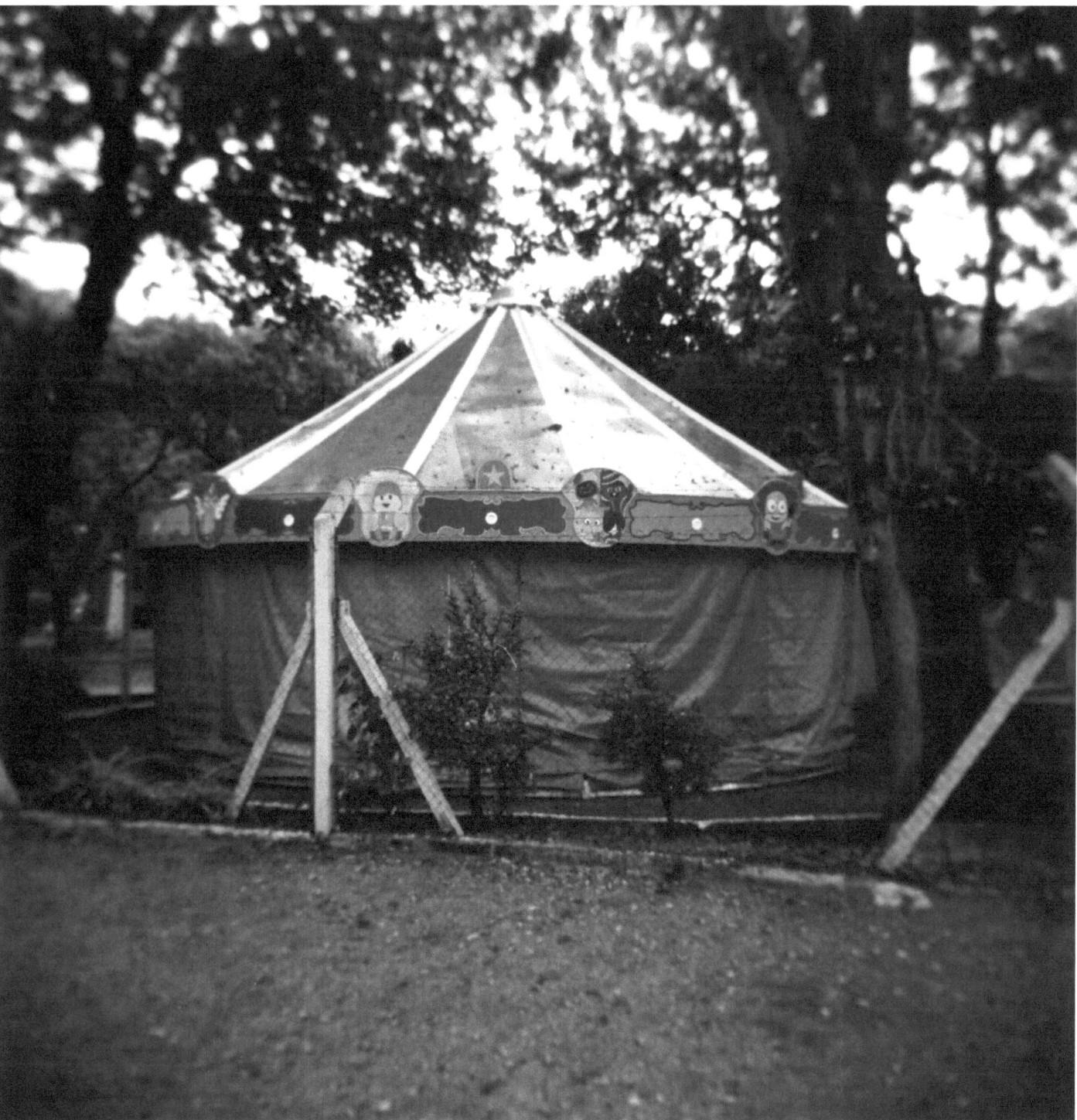

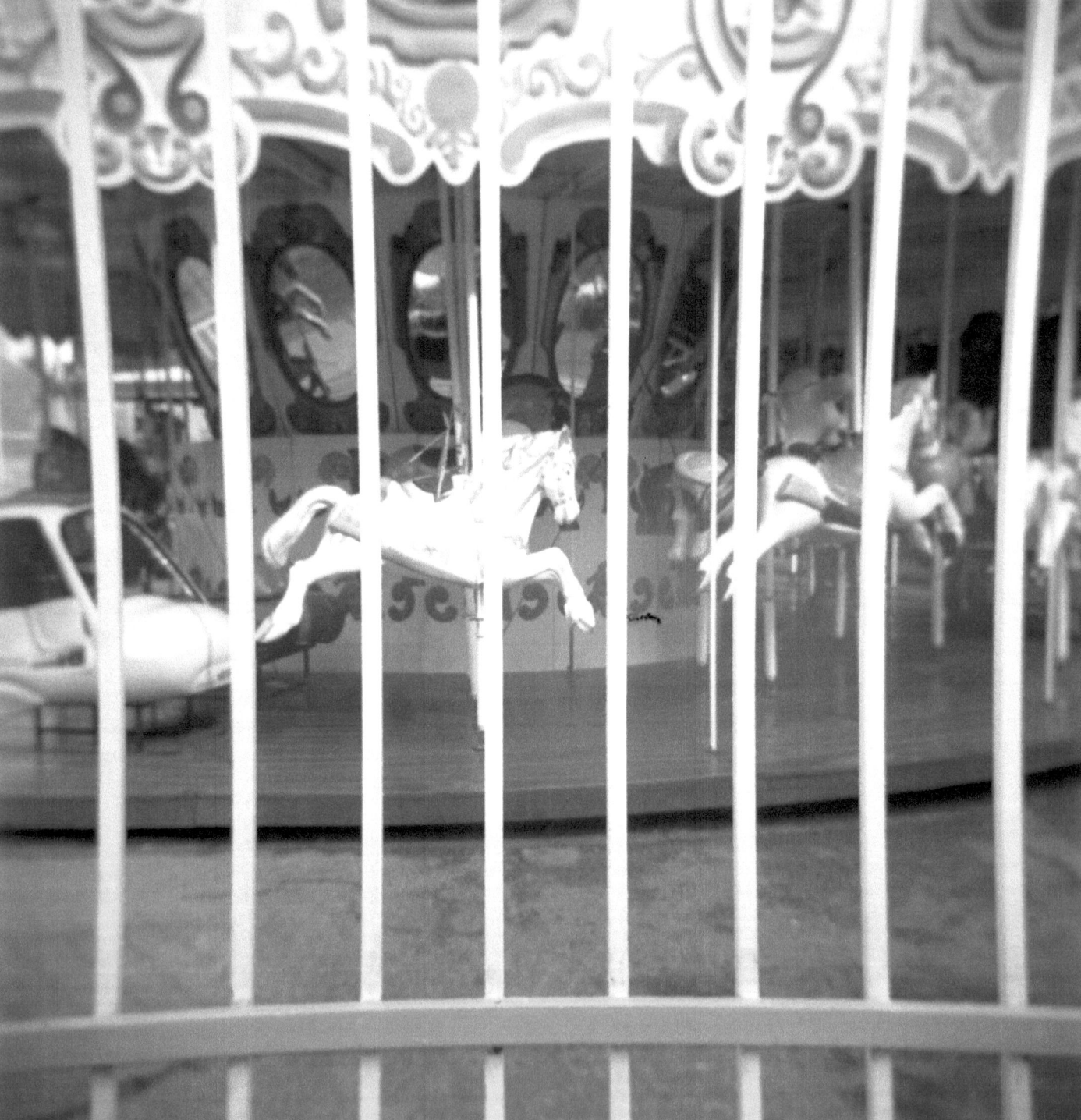

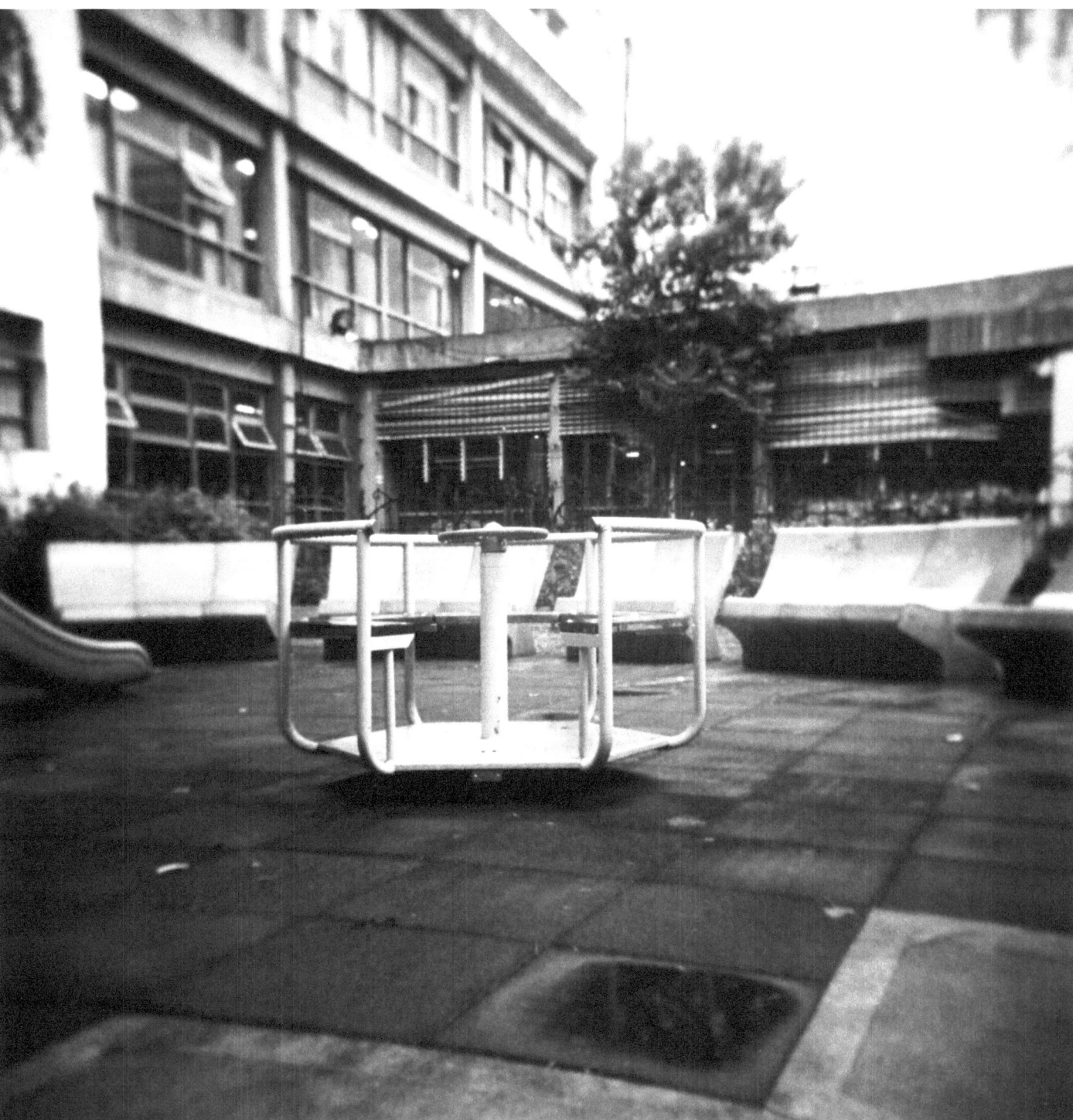

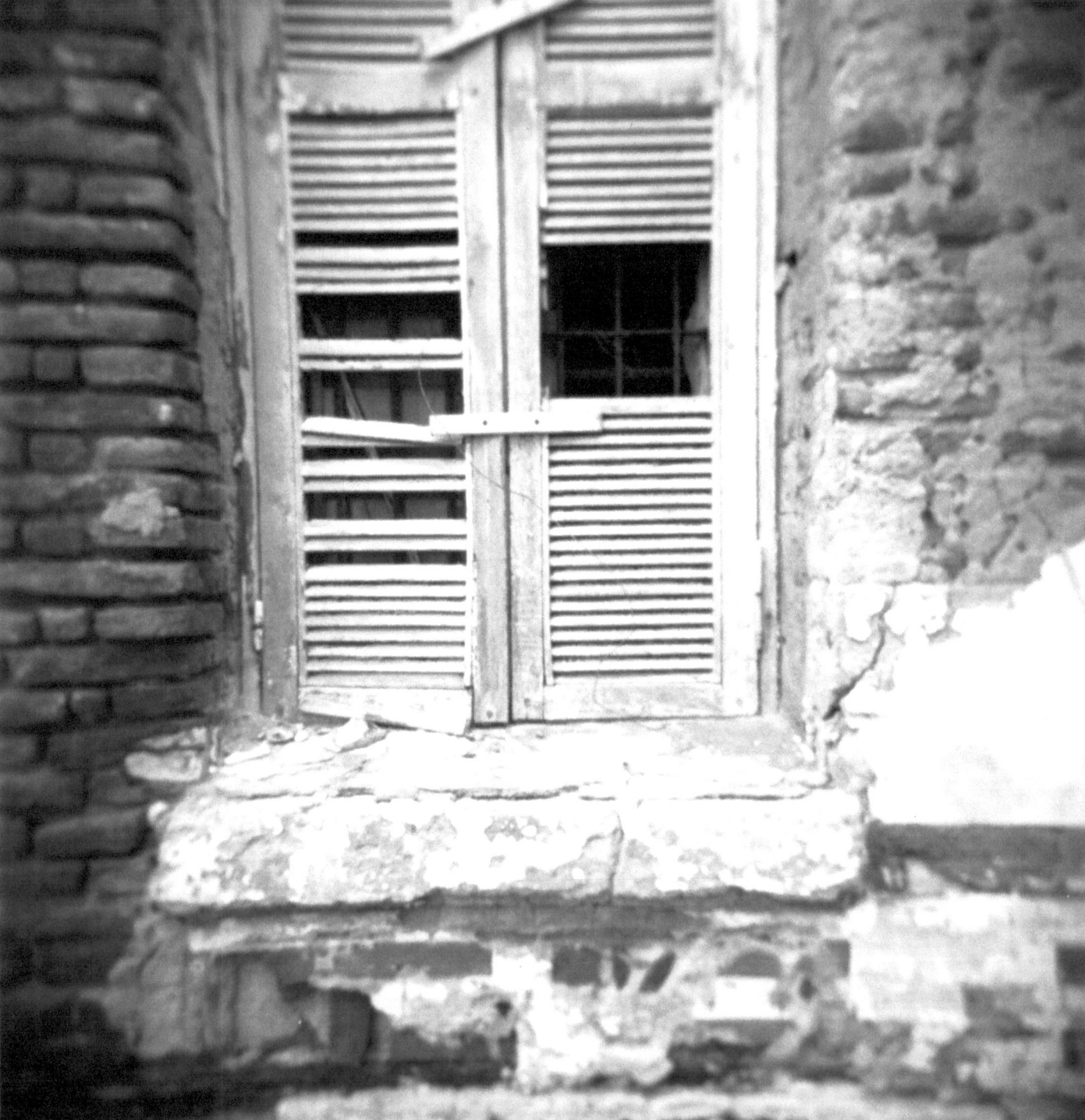

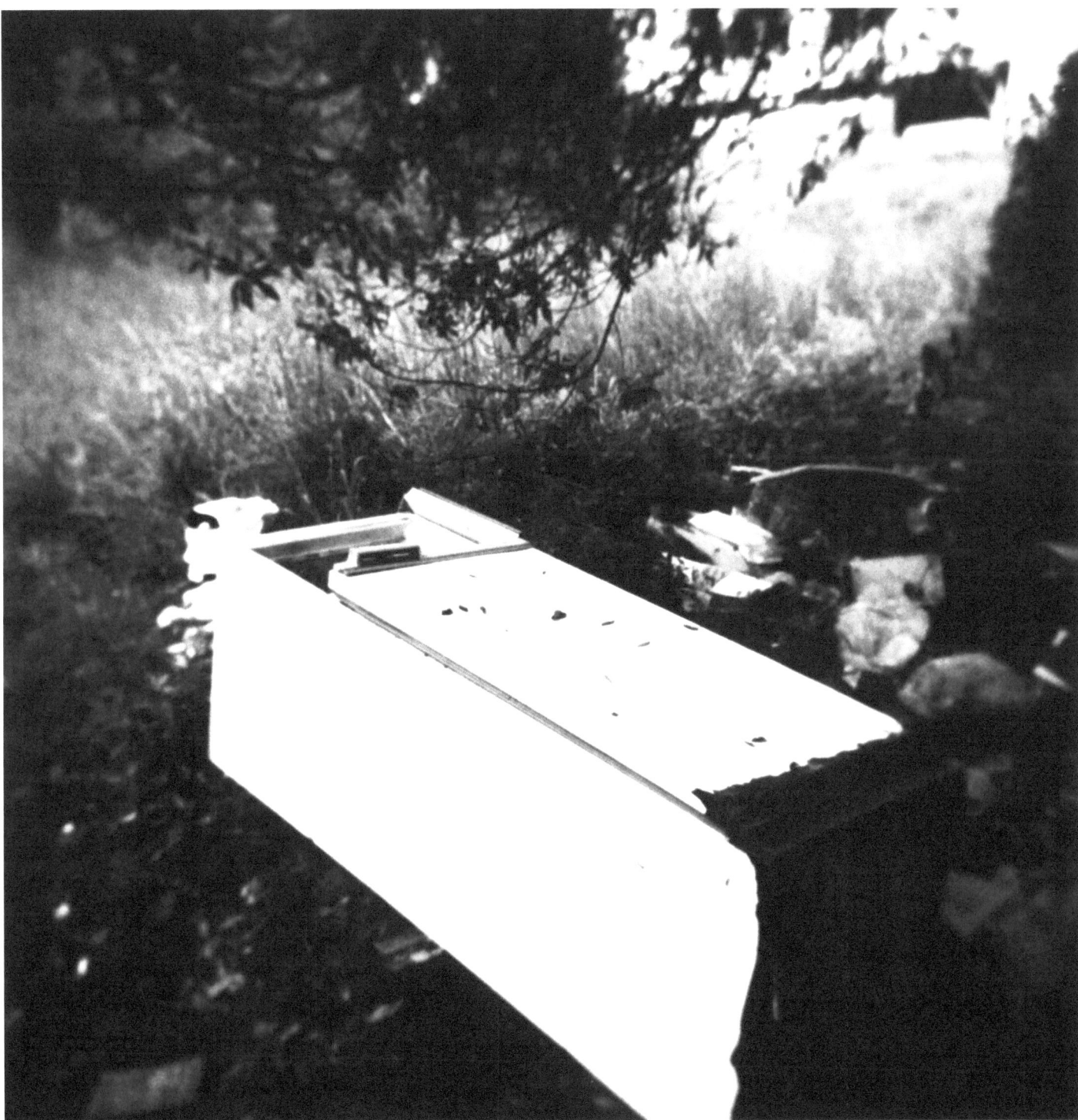

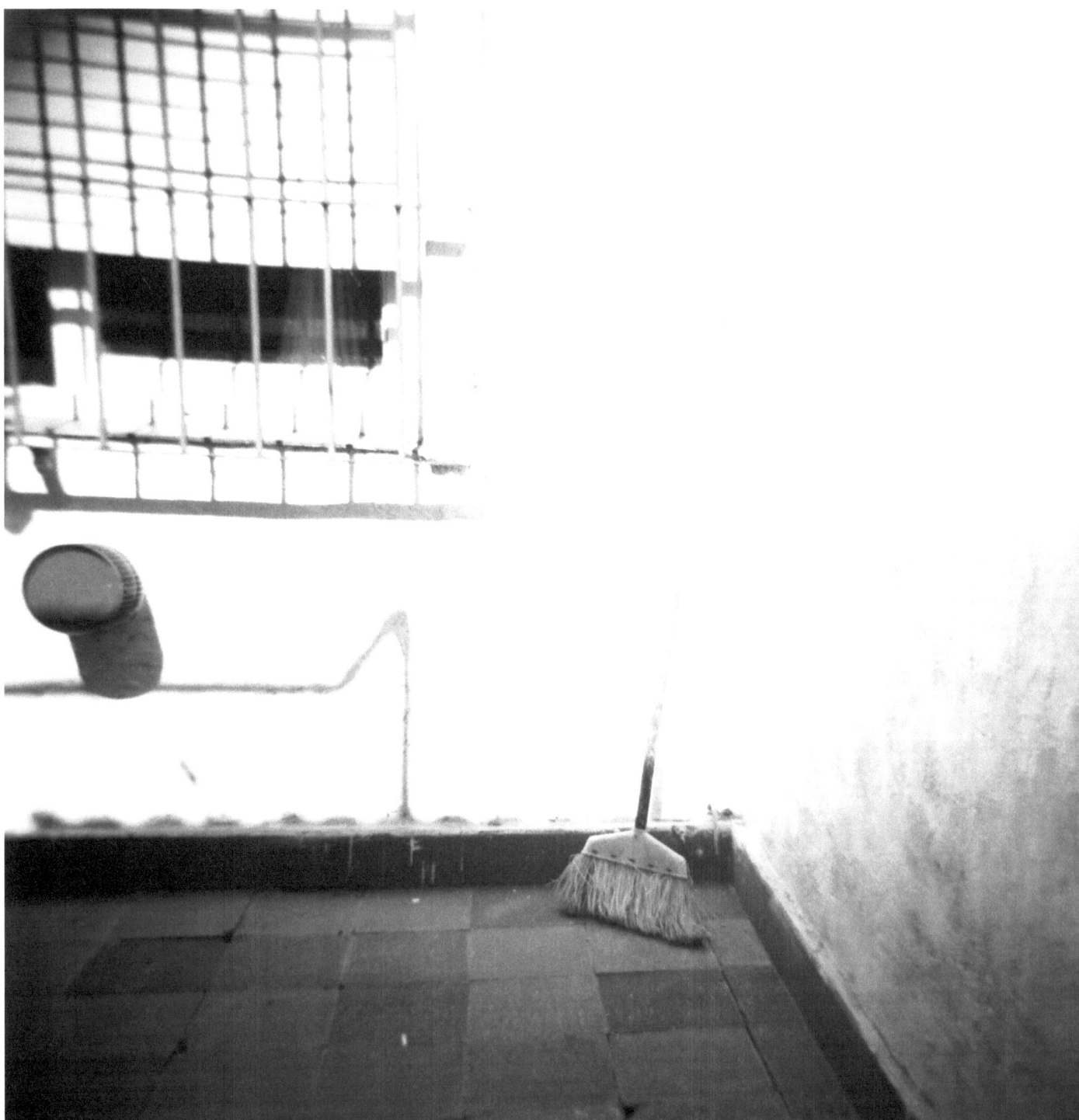

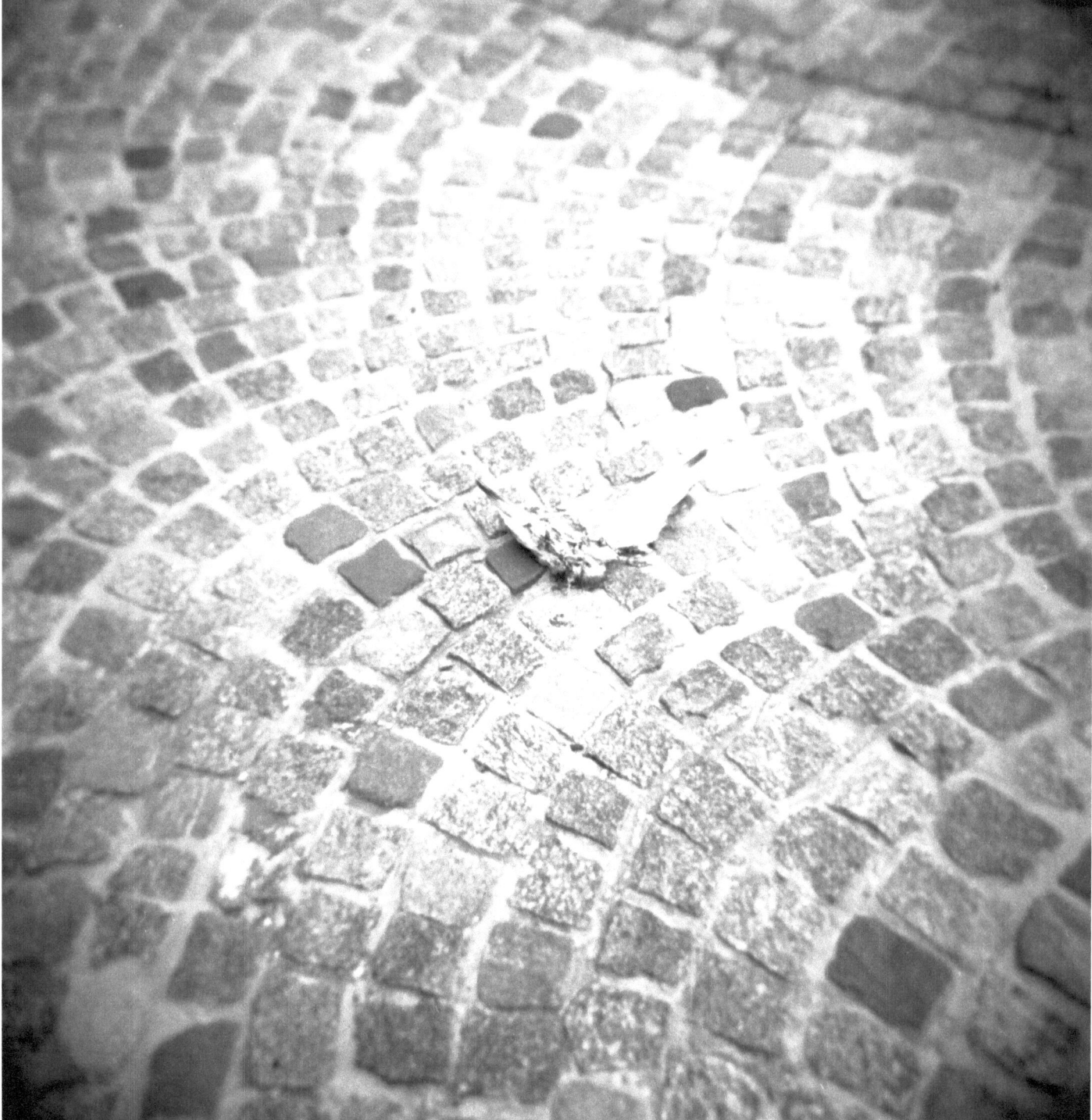

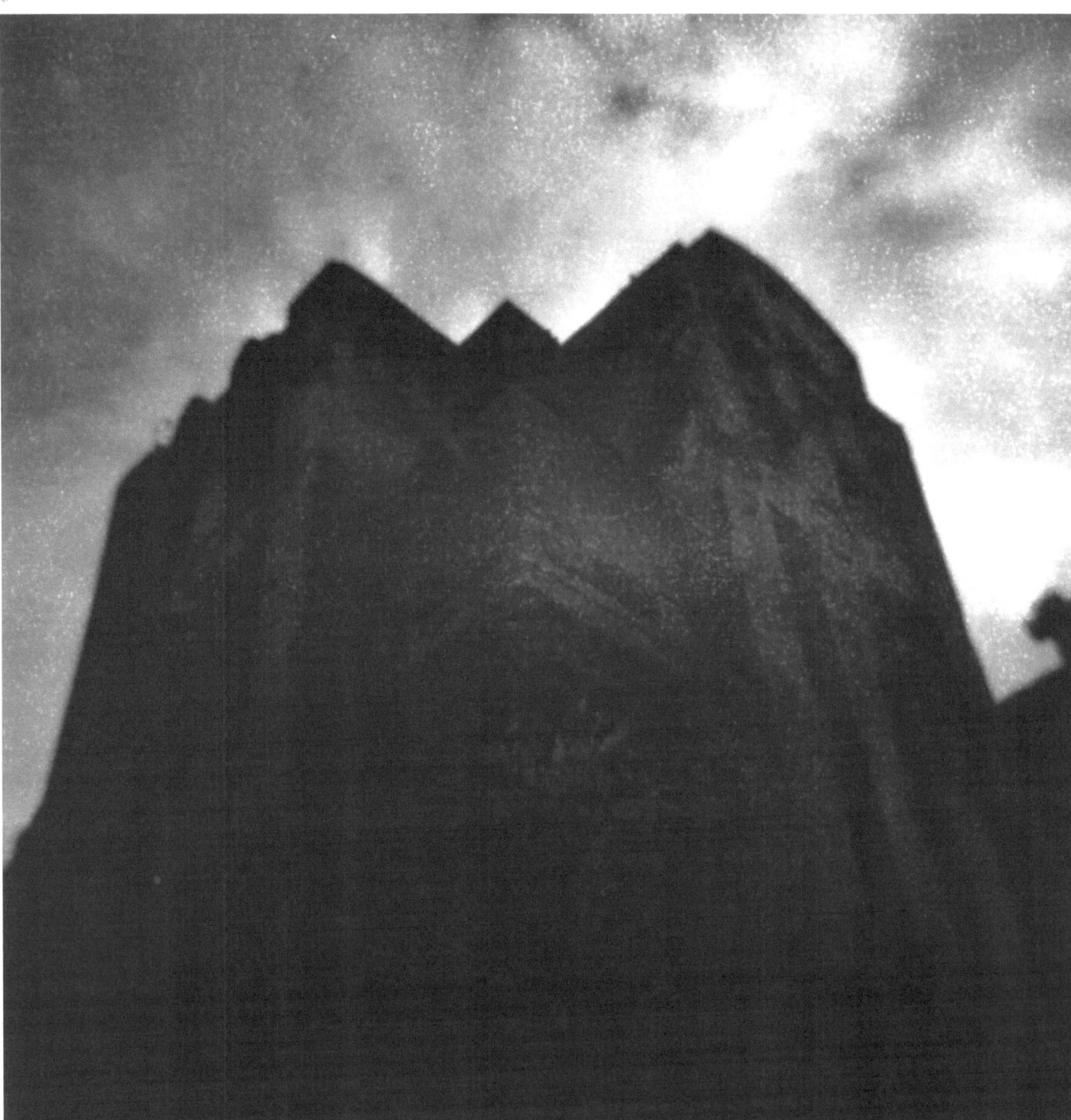

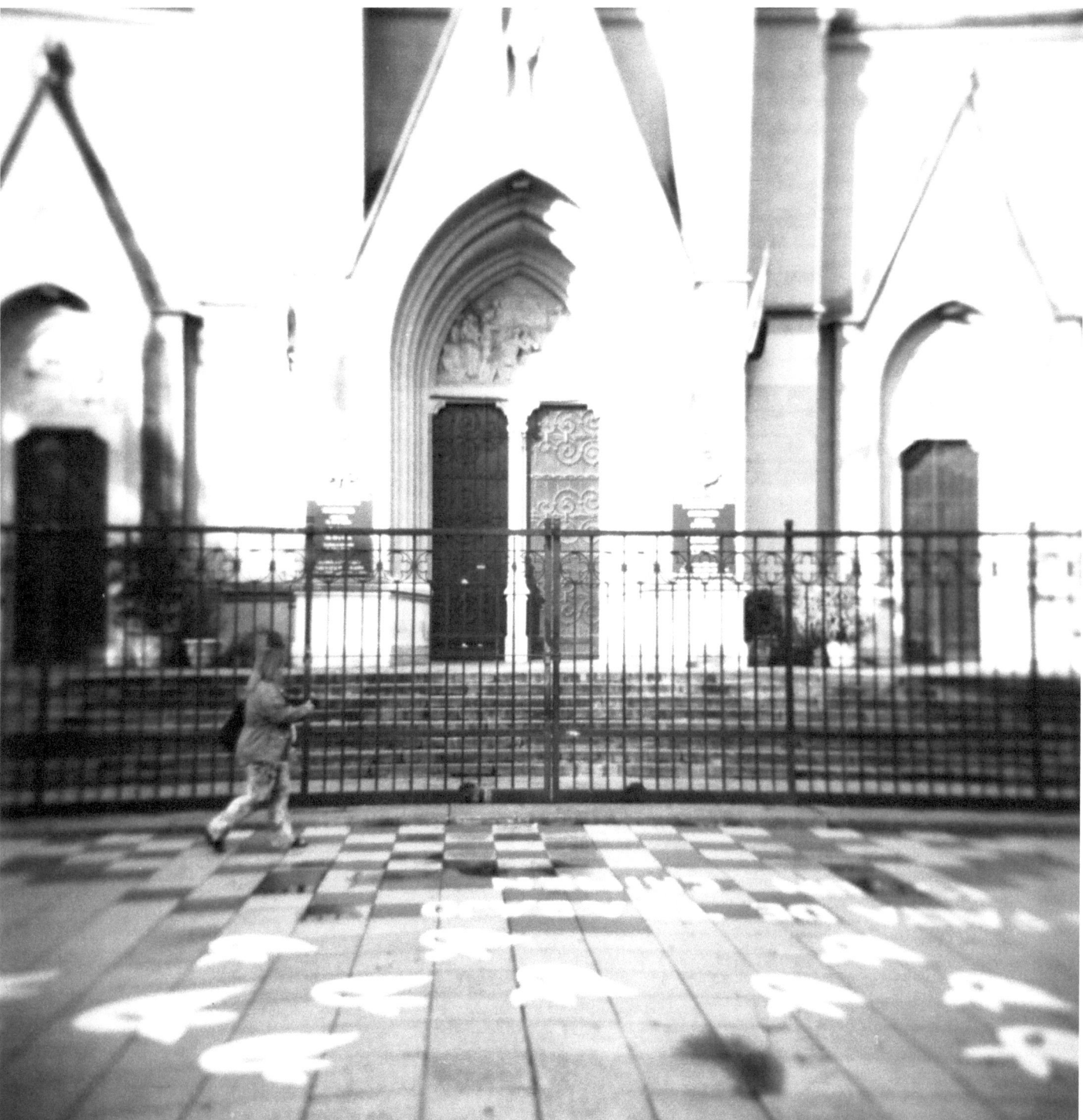

www.ingramcontent.com/pod-product-compliance
Lightning Source LLC
Chambersburg PA
CBHW041318180526
45172CB00004B/1144